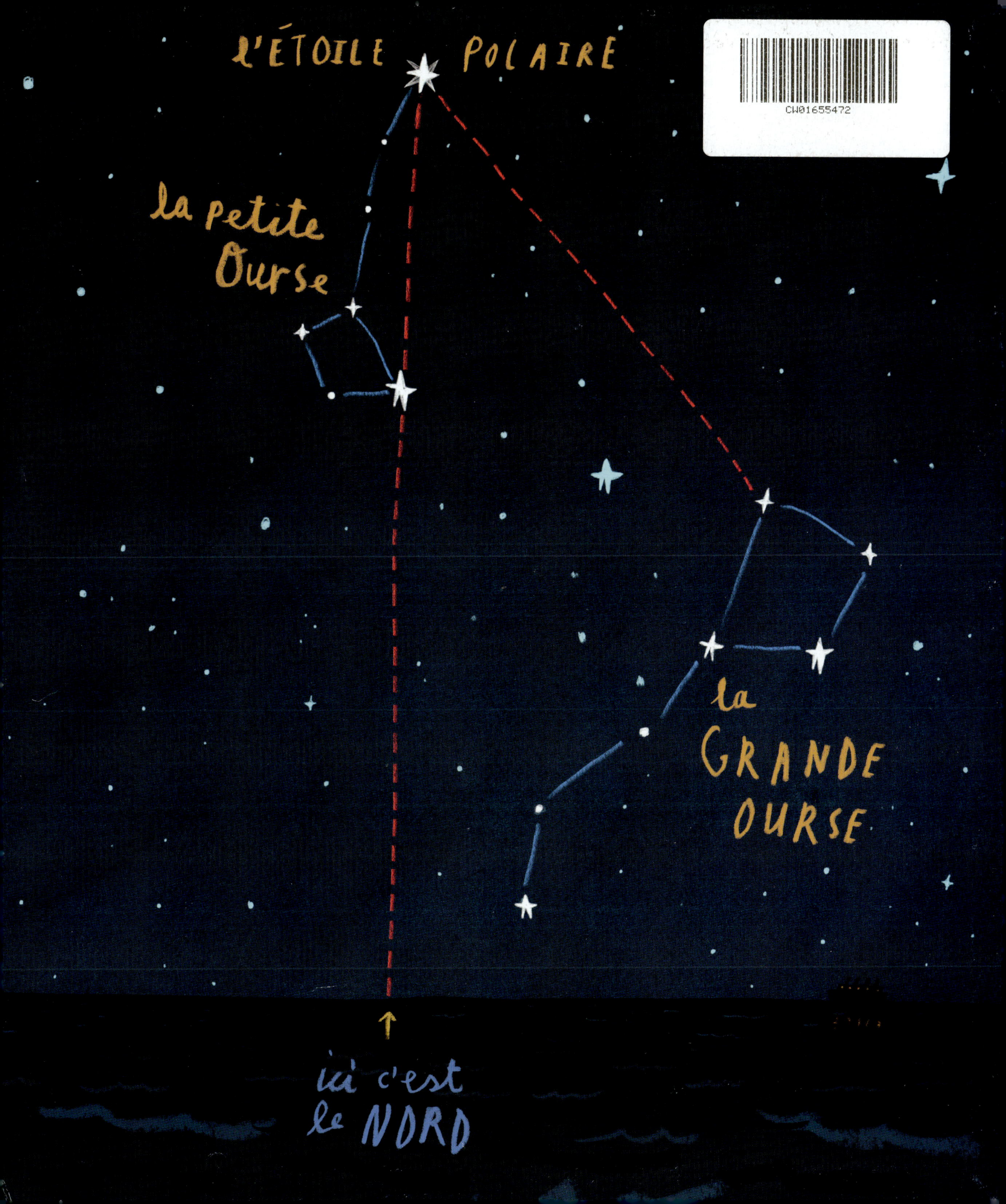
l'ÉTOILE POLAIRE
la petite Ourse
la GRANDE OURSE
ici c'est le NORD

Pour mon fils, Harland

Ce livre a été écrit
pendant les deux premiers mois
de ta vie alors que je cherchais
un moyen pour tout t'expliquer.

Voici les choses que
je pense que tu dois savoir.

"Et si nous instituions une nouvelle règle de vie à partir de ce soir :
toujours essayer d'être un peu plus gentil que ce qui est attendu ?"

J. M. Barrie

NOUS SOMMES LÀ

NOTES CONCERNANT LA VIE SUR LA PLANÈTE TERRE

OLIVER JEFFERS

kaléidoscope

NOTRE SYSTÈME SOLAIRE*

(PARMI les ~~millions~~ ~~MILLIARDS~~ MILLE MILLIARDS)

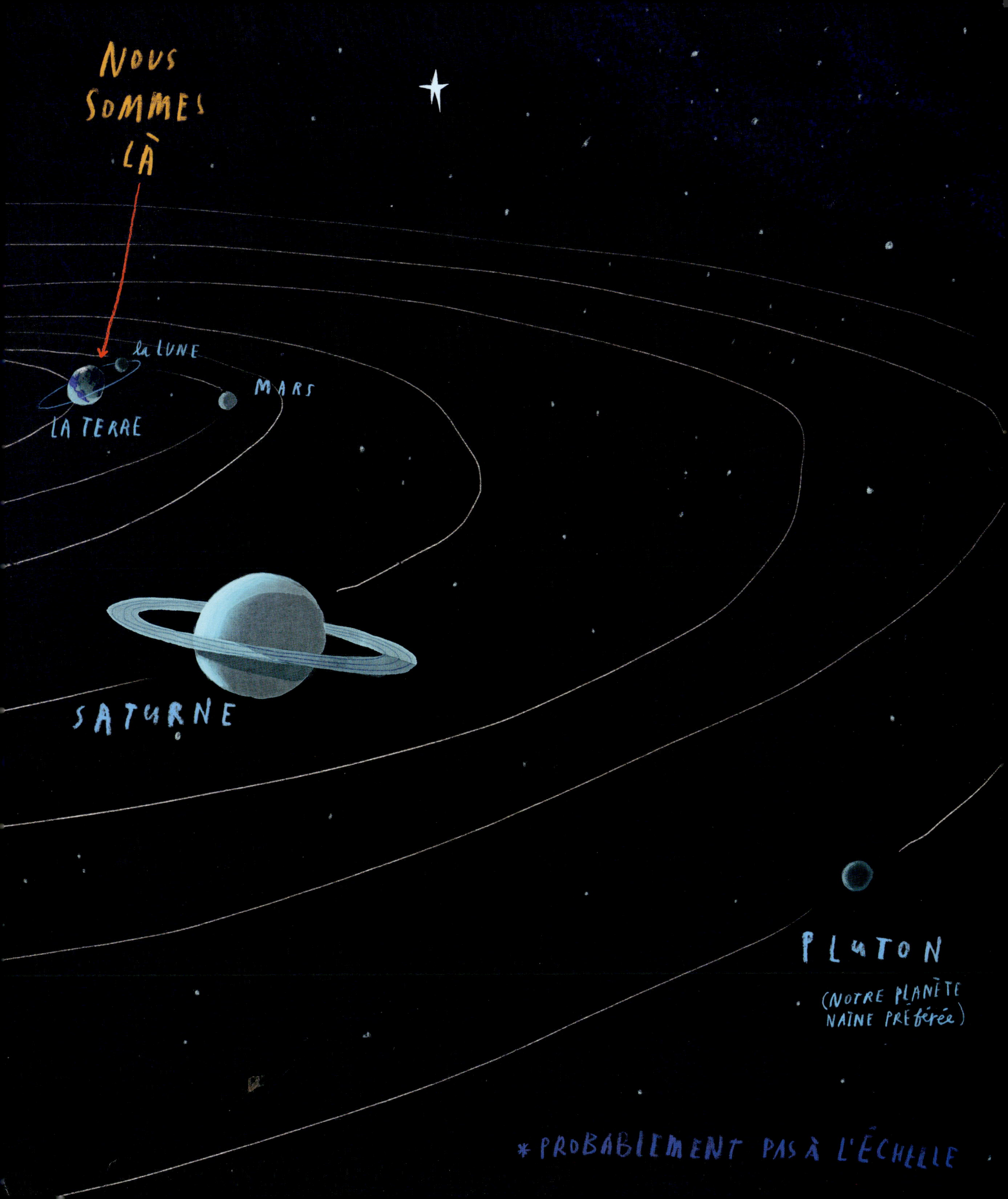
NOUS SOMMES LÀ
la LUNE
MARS
LA TERRE
SATURNE
PLUTON
(NOTRE PLANÈTE NAINE PRÉFÉRÉE)
* PROBABLEMENT PAS À L'ÉCHELLE

Bonjour, bonjour.

Bienvenue sur cette planète.
Nous l’appelons la Terre.

C’est ce grand globe,
qui flotte dans l’espace
et sur lequel nous vivons.

Nous sommes heureux que tu nous aies trouvés
car l’espace est immense.

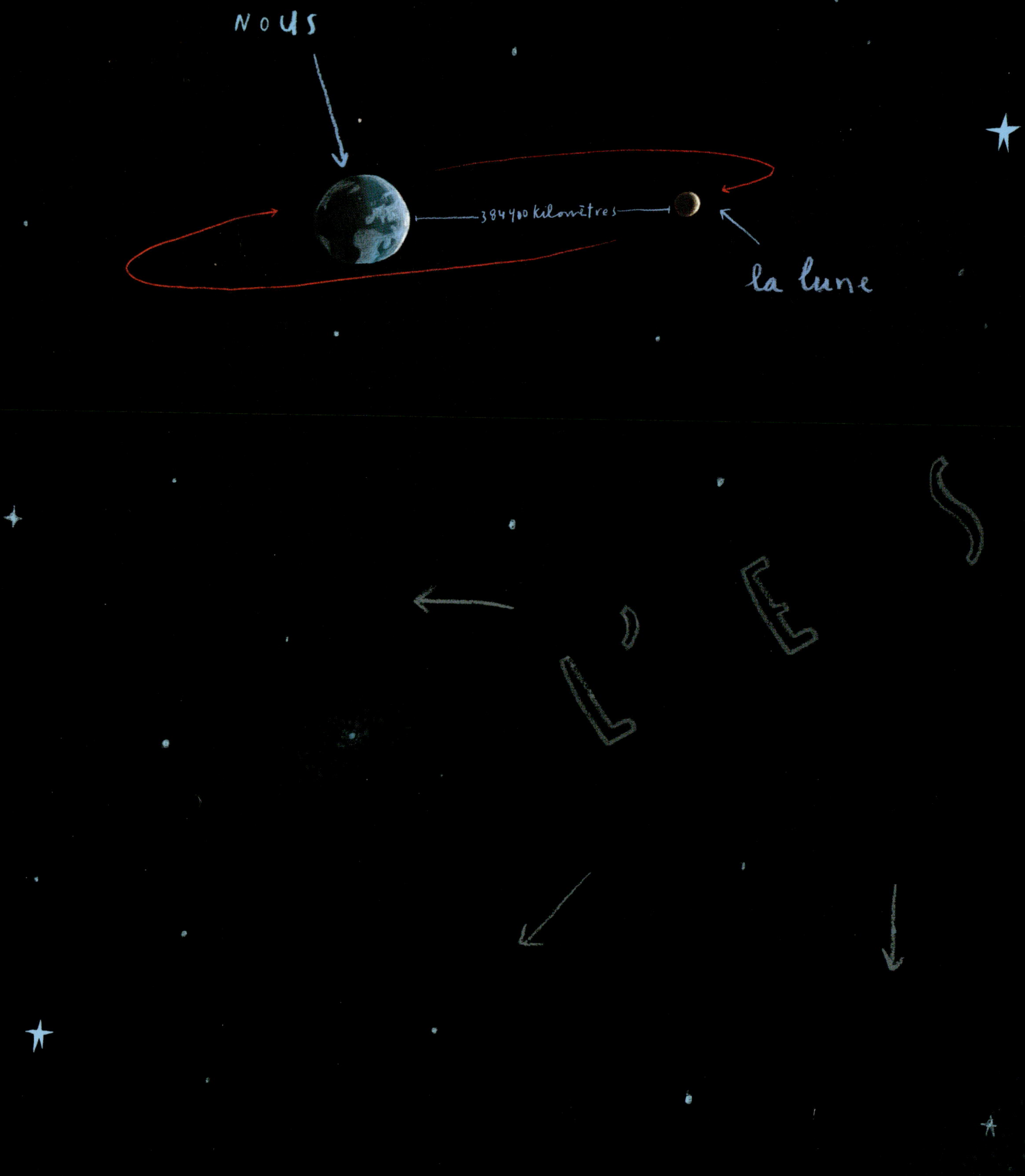

Il y a tant à voir et à faire sur la Terre,
alors commençons par faire un petit tour.

En gros, la planète se compose de deux parties.

Parlons d'abord de la terre.
C'est ce sur quoi nous nous trouvons actuellement.
Nous la connaissons bien.

Puis il y a la mer
qui regorge de choses merveilleuses.

Nous la connaissons plutôt bien,
mais nous en reparlerons un peu plus tard,
quand tu auras appris à nager.

Il y a aussi le ciel.
C'est assez compliqué…

Bon, poursuivons.

Sur notre planète, il y a les gens.
Les gens sont plein de personnes.
Tu es une personne. Tu as un corps.

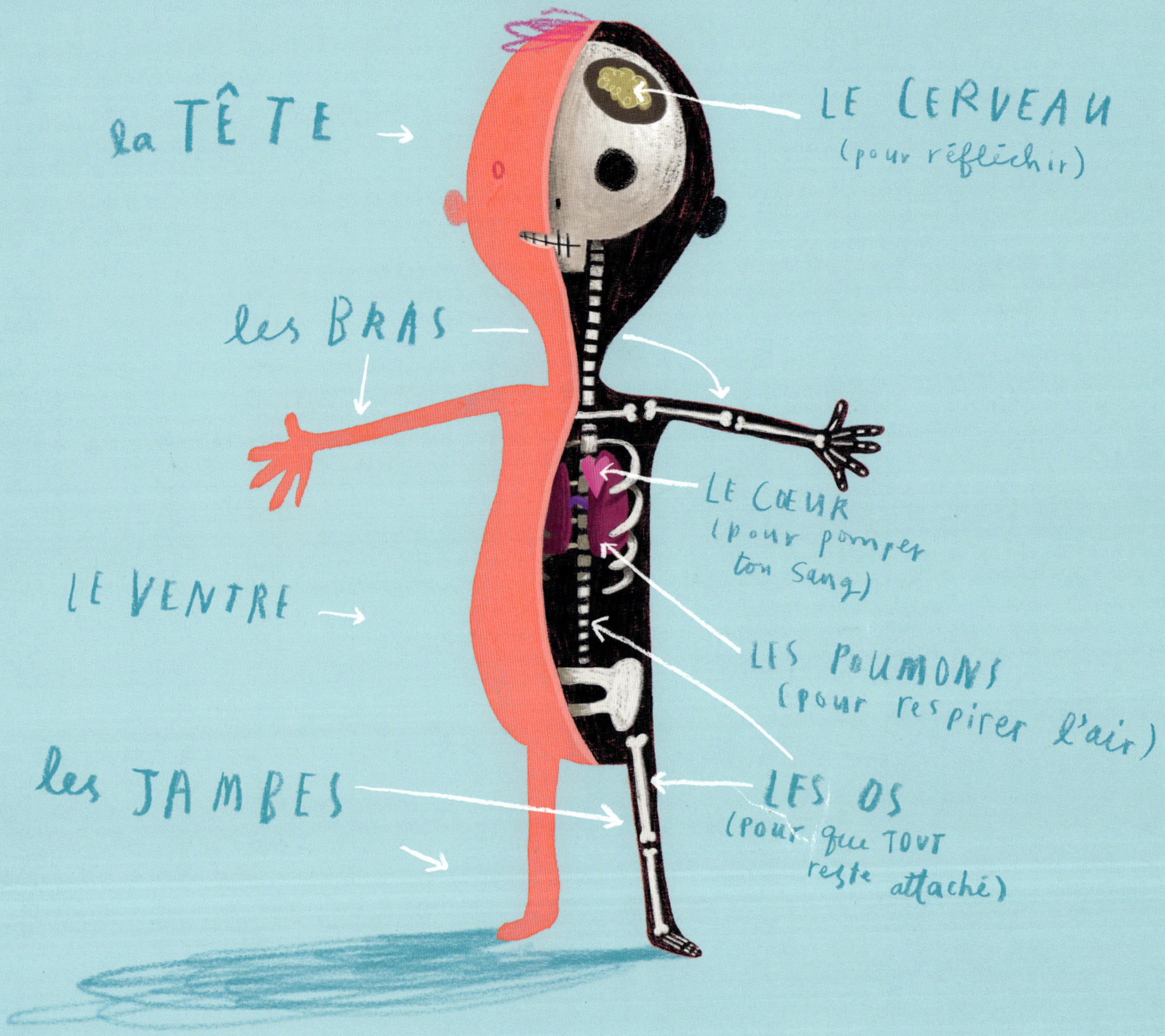

Prends-en soin. La plupart
des pièces ne repoussent pas.

Il est essentiel que les gens se rappellent
de manger, de boire et de se maintenir au chaud.

Les gens sont de toutes les formes, tailles et couleurs. Nous avons peut-être tous l'air différents,

nous ne nous comportons pas tous de la même manière et nous n'avons pas tous la même façon de parler…

… mais ne te trompe pas, nous sommes tous des gens.

Il y a aussi les animaux. Leurs formes, tailles et couleurs varient encore plus que les nôtres.

Ils ne savent pas parler
mais ce n’est pas une raison
pour ne pas être gentil avec eux.

Toi non plus, tu ne sais peut-être pas encore parler,
même si tu as des questions plein la tête.

Sois patient, tu sauras utiliser des mots bien assez tôt.

Nous fonctionnons généralement de la façon suivante : quand le soleil se montre, il fait jour et nous faisons des trucs.

Sinon quand il fait sombre avec juste la lune pour éclairer, c'est la nuit. C'est alors que nous dormons.

(S'il te plaît ?)

Les choses peuvent parfois bouger lentement ici sur Terre.

Mais le plus souvent, elles bougent rapidement.
Alors utilise bien ton temps.

Il passe avant que
l’on ne s’en aperçoive.

Même si nous avons fait beaucoup de chemin,
nous n’avons pas tout compris,
alors il te reste plein de choses à faire.

Tu comprendras beaucoup par toi-même.
Souviens-toi seulement de laisser des notes pour les autres.

La Terre a l'air grande.
Mais nous sommes nombreux à y habiter

(7,327,450,667 et ce n'est pas fini),

alors sois gentil.

Il y a assez pour tout le monde.

En résumé, voilà la planète Terre.

Prends-en bien soin,
nous n’en avons pas d’autre.

Et si tu as besoin d'en savoir plus…

… n’hésite pas à poser
des questions.
Je ne serai pas loin.

Et quand je ne suis pas là…

… tu peux toujours demander
à quelqu'un d'autre.

Tu n’es jamais seul sur Terre.

“Regarder au loin et voir notre planète dans son état de planète donne lieu à une émotion incroyable. C’est une perspective tout autre, et on se rend compte combien notre existence est fragile.”

– Dr Sally Ride, astronaute et physicienne

“Trois mots te suffiront pour ta vie, mon fils : le respect, l’estime et la tolérance.”

– Le papa d’Oliver, bon être humain intégral

Merci

Hannah Coleman, Helen Mackenzie Smith, Rory Jeffers, Michael Green, Judith Brinsford, Anna Mitchelmore, Paul Moreton, Patrick Reynolds, Hayley Nichols, Geraldine Stroud, Ann-Janine Murtagh, Jen Loja, Erin Allweiss, Timothee Verrecchia, Suzanne Jeffers et, évidemment, Harland Jeffers.

Ainsi que tous ceux qui fabriquent, vendent, lisent et soutiennent mes livres.

Citation page 4 extraite de *Le Petit Oiseau blanc* de J. M. Barrie, 1902

L'extrait de l'interview de Dr Sally Ride reproduit avec l'autorisation aimable de The American Academy of Achievement www.achievement.org

Texte manuscrit de l'édition française par Kris Di Giacomo

Texte traduit de l'anglais par Isabel Finkenstaedt

Titre de l'ouvrage original : HERE WE ARE: NOTES FOR LIVING ON PLANET EARTH
Éditeur original : HarperCollins Children's Books
1 London Bridge Street, Londres SE1 9GF

11, rue de Sèvres, 75006 Paris
Loi n°49.956 du 16 juillet 1949 sur les publications destinées à la jeunesse : septembre 2018
Dépôt légal : septembre 2018

ISBN 978-2-877-67982-4
Imprimé en Chine

Diffusion l'école des loisirs

www.editions-kaleidoscope.com

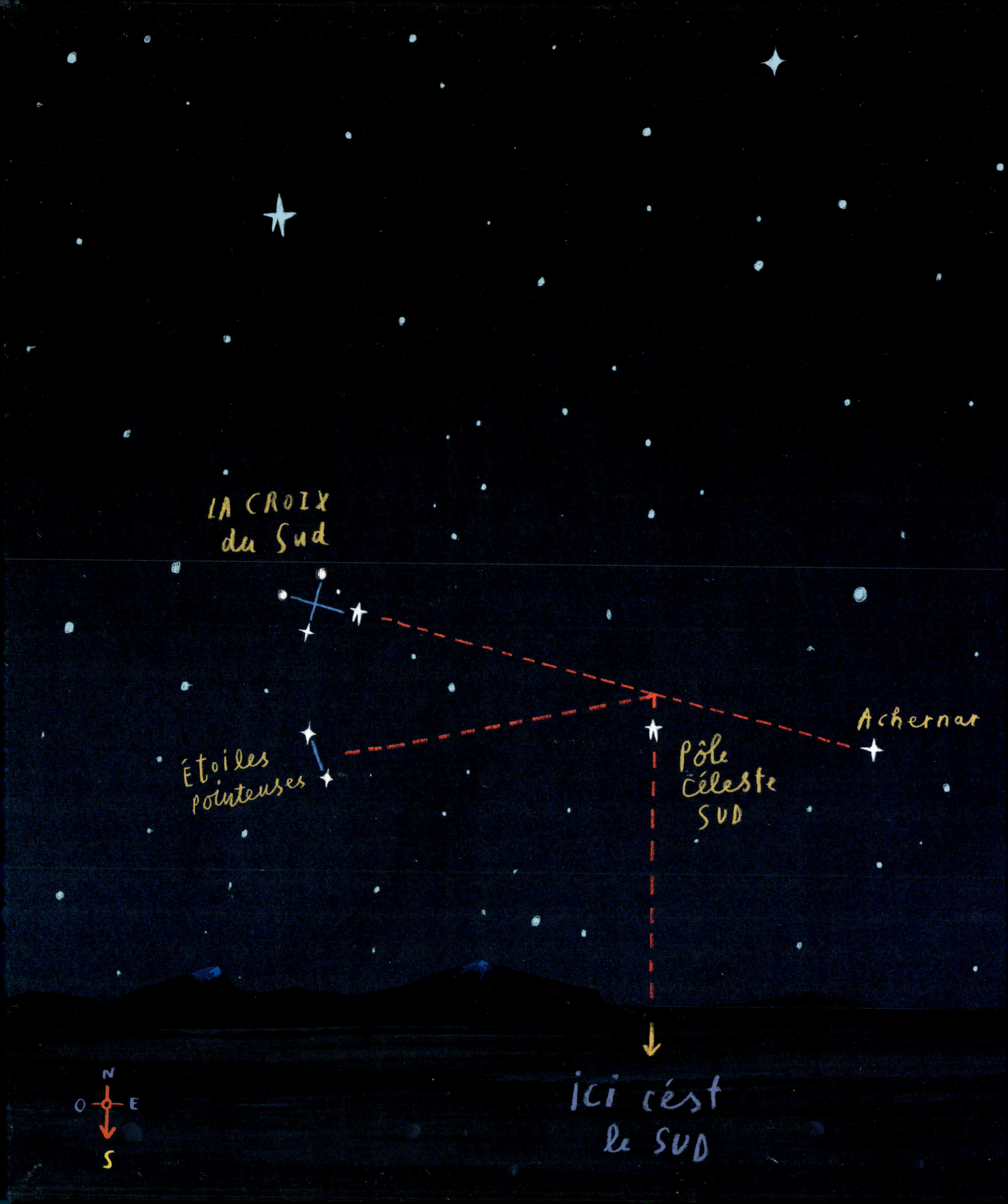

LA CROIX
du Sud
Achernar
Étoiles
pointeuses
Pôle
céleste
SUD
ici c'est
le SUD
N
O
E
S